AF315089

BALLET

DES INCOMPATIBLES.

Dansé a Montpelier, deuant Monseigneur le Prince, &
Madame la Princesse de Conty

PREMIERE PARTIE.

RECIT.

LA NVIT.

DANS le vaste sein de Neptune,
Laisse viste tomber, ta lumiere importune
O iour trop enuieux qui retarde mes pas,
C'est aux vœux de ta sœur opposer trop d'obstacles,
Un grand Prince auiourd'huy m'appelle à desspectacles
Où l'on ne te veut pas.

Aprés que ses faits pleins de gloire
T'ont rendu le tesmoin d'vne illustre victoire

BALLET

DES INCOMPATIBLES.

Dansé à Montpelier, deuant
Monseigneur le Prince, &
Madame la Princesse
de Conty.

A MONTPELIER,

Par DANIEL PECH, Imprimeur du Roy,
& de la Ville.

M. DC. LV.

Dont l'orgueil de l'Espagne a poussé des souspirs,
Dans cét Empire egal que le sort nous partage,
A mes feux maintenant ne plains pas l'auantage
D'esclairer ses plaisirs.

PREMIERE ENTRE'E

La discorde, representée par le Sr la Pierre.

EN me voyant si bien danser
Et charmer par mes airs l'esprit le plus sauuage,
On peut dire sans m'offencer
Que ie fais mal mon personnage.

SECONDE ENTRE'E
LES QVATRE ELEMENTS.

Mr. le Marquis de Bellefont, Mr. le Viconte de Larboust, Mr. le Marquis de Villars, Mr. le Baron de Fourques.

Monsieur le Marquis de Bellefont, representant le feu.

SOVS les astres plus hauts i'aspire à m'esleuer,
Peu sçauent mieux que moy les moyens d'arriuer
A cette lumineuse sphere.

Mais ſi ie ſens des feux c'eſt pour Mars ſeulement,
Car pour ceux de l'amour, quoy qu'il le falût taire,
Ce n'eſt pas là mon element.

Monſieur le Viconte de Larbouſt, repreſentant l'Eau.

IE ſuis de nature inconſtante
mon humeur eſt touſiours flotante,
Les autres Elements ſe determinent mieux,
Mon inquietude eſt extreme,
Et loin d'eſtre touſiours bien d'accord auec eux
Ie ne ſuis pas touſiours d'accord auec moy-meſme.

Monſieur le Marquis de Vilars, repreſentant l'Air.

LE lieu que ie remplis eſt le plus eſclairé,
Vn Aſtre des plus grands digne d'eſtre adoré
Me laiſſe à tous momens iouyr de ſa lumiere,
L'eſtage que i'occupe eſt par là le plus clair,
Mais quoy qu'en me voyant ma mine ſemble fiere,
Ie ſuis pourtant plus doux qu'on ne iuge à mon Aïr.

Monſieur de Fourques, repreſentant la Terre.

EN voyant de mes pieds le iuſte mouuement
N'eſtre iamais hors de cadance,
Ie croy que perſonne ne penſe
Que ie ſois vn lourd Element.

III. ENTRE'E.

LA FORTVNE ET LA VERTV.

Mr. le Marquis de Canaples, representant la Fortune.

CETTE Deeſſe & moy ne nous trouuons enſemble
   Que quand vn Ballet nous aſſemble,
Quoy que pour la chercher mes ſoins ſoient aſſidus;
l'ay beau courre les mers pour ſuiure la Cruelle,
   l'ay beau meſme danſer pour elle,
   Ce ne ſont que des pas perdus.

Quoy qu'elle & moy ſoyons icy la meſme choſe
   Iamais d'elle ie ne diſpoſe,
Son cœur de mes appas ne peut eſtre enflamé,
Qui me croiroit ainſi traité de ce que l'ayme.
   Ie ſuis amoureux de moy-meſme,
   Et ie n'en ſçauroi eſtre aymé.

Mr. le Marquis de Rebé, repreſentant la Vertu.

L'ESCLAT dont ie ſuis reueſtu
Emprunte de mon nom vne clarté nouuelle,
Et pour ſembler à la vertu
Il faut dans ma famille en prendre le modelle.

IV. ENTRE'E

VN VIEILLARD ET DEVX IEVNES HOMMES.

Mr. Montagne *Vieillard* Mr. le Marquis de la Vardin,
& Mr. Castel, *Ieunes hommes.*

Pour le Sr. Montagne, *representant vn Vieillard.*

AVEC ces ieunes gens, ie suis incompatible,
Nous n'auons rien en nous qui ne soit opposé,
Leurs corps sont agissans, & le mien presque vsé
Ne peut de leurs plaisirs se rendre susceptible :
A nous voir en public d'vn mesme mouuement
Disposer de nos pieds assez également
A peine de nos ans fait on la difference,
Mais on iuge aisément quand on ne les void pas
Qu'il est certains endroits qu'ils passent en cadance,
Où ie ne puis faire vn seul pas.

Mr. le Marquis de la Vardin, *representant vn Ieune home.*

AVCVN soucy ne me trauaille,
I'ayme tous les plaisirs, & ie les sçay gouster,
Et ie suis sans trop me flatter
Vn ieune homme de belle taille.

Mr. Castel, *representant vn Ieune homme.*

PEV susceptible de tristesse,
Pour me bien diuertir ie ne plains point mes pas,

Et quelquesfois i'ay tant d'affaires fur les bras,
Qu'alors i'ay bien befoin de toute ma ieuneffe.

VI. ENTREE.

DEVX PHILOSOPHES ET TROIS SOLDATS.

Mrs. Dubuiffon & Pafcal, *Philofophes.*
Mr. le Cheualier de Guillerague, Mr. le Baron de
Gange, & Mr. Capon, *Soldats.*

Pour Mr. Dubuiffon, *reprefentant vn Philofophe.*

IE ne puis deuenir ny difciple ny maiftre,
Ie fuis de ces barbons le tres-humble valet;
Et quand ils me fondroient ie ne puis iamais eftre,
Qu'vn Philofophe de Ballet.

Pour Mr. le Cheualier de Guillerague, *reprefentant vn Soldat.*

IL n'en eft pas dans le meftier
De plus determiné pour faire vne conquefte,
Et quand i'ay l'amour en tefte,
Ie ne fais point de quartier.

Mr. le Baron de Gange, *reprefentant vn Soldat.*

QVAND i'ay quelque paffion,
Iamais Soldat n'a fceu mieux pouffer fa fortune,
Et ie fuis pour la blonde ainfi que pour la brune,
Fort chaud dans l'occafion.

SIXIESME

VI. ENTRE'E

L'ARGENT.

VN PEINTRE, VN POÈTE, ET VN ALCHIMISTE.

Mr. de Vitrac representant l'Argent, le Sr. Moliere, le Poëte, le Sr. Bejarre, le Peintre, & le Sr. Ioachin l'Alchimiste.

Philosophes fameux qui d'vne ardeur si pure
De ce vaste vniuers recherchez les secrets,
Demeurez tous d'accord, qu'auec nostre peinture,
Nos vers ingenieux, & nos diuins creusets,
 S'il est du vuide en la nature
 il faut qu'il soit en nos goussets.

VII. ENTRE'E

Vn Charlatan & la Simplicité, *representée par vn vieux Paysan.*

Mr. le Baron de Veauuert, & Mr. la Valette Berger.

Pour Mr. de Veauuert, *representant vn Charlatan.*

Ie suis ce grand Oruiatan
Dont le contre poison a fait tant de merueilles,
Si ie voulois parler des vertus nompareilles

De mes autres secrets, ie serois charlatan.
Ie ne me flatte point d'vne vaine loüange.
Les malades guerit me prennent pour vn Ange.
Les œuures que ie fais estonnent les humains
Ie m'arreste aux effetts, & ie fuy les paroles
Qu'vn incurable vienne auecque des Pistoles ;
    Il verra ce que font mes mains.

Pour la Simplicité, parlant du Charlatan.

QVE mes yeux sont heureux de voir ce personnage
Dont les diuins secrets nous sauuent de la mort.
    Peut on douter par cet ouurage
Qu'il ne soit quelque Dieu qui gouuerne le sort?
    Mais aussi ie vois que sa vie
Comme celle de l'homme est aux maux asseruie,
    Il est gouteux, dispos, & vert,
    Cecy n'est du Dieu, ny de l'homme.
    Ma foy ie l'iray dire à Rome
    S'il n'est le Diable de Veauuert.

SECONDE PARTIE
RECIT

LE DIEV DV SOMMEIL.

QVI m'a pû resueiller ! quel Dieu, quelle Deesse,
Des celestes vertus d'vne grande Princesse
Malgré tous mes Pauots me vient entretenir ?
Mon sommeil cede enfin à toutes ses merueilles
Au bruit que font partout ses graces nompareilles
    Ie ne sçaurois dormir.
O trop heureuse nuit qui te vois esclairée
D'vn astre plus brillant que n'est tout l'Empirée
Au mespris de nos loix ie te veus conseiller,
Cessons d'assuietir tout le monde au silence,
Et de cette clairté publiant la puissance
    Allons tout esueiller.

PREMIERE ENTRE'E.
L'AMBITION.

Representeé par Mr. le Baron de Fourques,

Quand mon esprit à quelque passion
Il a bien peyne à s'en desfaire,
En mes amours i'ay sçeu me satisfaire
Ie ne veux plus penser qu'à mon ambition.

II. ENTRE'E

LA DISSIMVLATION ET DEVX YVROGNES.

Le Sr. la Bruguiere, Mr. d'Angeruille & le Sr. Beiar.

FVYEZ bien loin gens à double visage
D'ont le penser est contraire au langage
Et qui trompez comme de faux escus,
On sçait bien entre nous faire la difference ;
Car dans la Cour du bon Prince Baccus
Le meilleur courtisan y dit tout ce qu'il pense.

Pour Mr. d'Angeruille, representant vn Yurognē

VNE auenture assez iolie
Me fait Heros de Comedie
Et moy qui suis toustous sobre en amour ;
Par vne estrange destinée
l'en donnay tant vn certain jour,
Qu'vne fille en fut enhyurée.

III. ENTRE'E.

L'ELOQVENCE ET VNE HARANGERE.

Mr. le Baron de Ferrals, & le Sr. Moliere.

Pour Mr. le Baron de Ferrals, representant l'Eloquence.

A mettre les choses au pire
Et sans auoir icy dessein de me flatter

On connoist aussi tost en me voyant sauter
Que ie fais encor mieux que ie ne sçaurois dire.

Pour le Sr. Molieres, *representant vne Harangere.*

IE fais d'aussi beaux vers que ceux que ie recite,
*   Et souuent leur style m'excite.*
A donner à ma muse vn glorieux employ,
Mon esprit de mes pas ne suit pas la cadance,
Loin d'estre incompatible auec cette Eloquence
Tout ce qui n'en a pas l'est tousiours auec moy.

IV. ENTRE'E

LA SAGESSE, ET DEVX AMOVREVX.

Mr. le Baron de Fabregues, Mr. de Thomas, & Mr. le Baron de Reynies.

Pour Mr. le Baron de Fabregues, *representant la Sagesse.*

A Mon air & mon corsage,
Sans me donner vanité,
On peut dire en verité
Que ie suis grandement sage.

V. ENTRE'E

LA VERITE', ET QVATRE COVRTISANS.

Mrs. Paſcal , le Baron de Florac ; de Manſe,
Capon , & le Sr. Labruguiere.

Pour la Verité , repreſentée par Mr. Paſcal.

DESPVIS *long temps ie ſuis au ſonds d'vn puy*
    Ou ie crie miſericorde ,
Et quelque homme de bien m'en tiroit aujour-d'huy
Quand tous ces Courtiſans ont fait rompre la corde.

Pour les Courtiſans . repreſentez par Mrs. le Baron
    de Florac, Capon, & la Bruguiere.

PARLER *ſincerement n'eſt pas trop noſtre fait ?*
  Et c'eſt vn vray moyen d'eſtre peu ſatisfait,
Auſſi cette vertu nous eſt fort inconnuë,
Bien ſouuent à mentir nous paſſons tout le iour
    Et la verité toute nüe
    Ne nous donna iamais d'amour.

Pour Mr. de Manſe , repreſentant vn Courtiſan

MON *induſtrie eſt admirable*
Ie m'accomode au temps & m'en ſçay diuertir
    En courtiſan ie ſuis peu veritable
    En amoureux ie ne ſçaurois mentir.

VI. ENTRE'E.

LA SOBRIETE, ET QVATRE SVISSES.

Le Sr. La Pierre, Mr. de Vitrac, Mr. Seguin, &
les Srs. Martial, & Ioachin.

PLVTOST *s'accorderoient la lumiere & la nuit ,*
Plutost seroient vnis le silence & le bruit ,
Le Ciel plus aysément se ioindroit à la terre ,
Et le mensonge auec la verité
La paix s'accorderoit plutost auec la guerre
Que nous & la sobrieté.

VII. ENTRE'E

VNE BACCHANTE, ET VNE NAYADE,

Mr. de Vitrac, & Mr. le Baron de Fourques.

Pour Mr. de Vitrac, representant vne Bacchante.

POVR adorer Baccus ie ne danse pas mal ,
Le plus delicat s'en contente ;
Mais si i'estois tousiours bachante
Ie serois fort mal à cheual.

Pour Mr. le Baron de Fourques, *representant vne Nayade.*

LE meſtier que ie fais n'a rien qui ne deſplaiſe.
Et quelque autre que moy le pourroit trouuer beau.
Mais quand on eſt chaud comme braiſe
On paſſe mal ſon temps ayant le bec en l'eau.

DERNIERE ENTRE'E

LE DIEV DV SILENCE, ET SIX FEMMES.

Mr. le Marquis de Canaples, Mademoyſelle du Fey, Mademoyſelle Picar, Mes-demoyſelles d'Argencourt, Mademoyſelle Solas, & Mademoyſelle Gerar.

Pour Mr. le Marquis de Canaples *repreſentant le Dieu du ſilence.*

IE ne ſuis plus ce beau muet
D'ont le martyre trop ſecret
Rendit ſouuent la plainte vaine ;
On n'entend plus que moy quand i'en veux eſtaler ;
Et mes yeux n'ont plus tant de peyne
Maitenant que ie ſçay parler.

VOVS qui me voyant ſanglotter
Ne daignatez iamais conter.
Ce qui teſmoignoit ma ſouffrance

Ne vous abusez pas icy du mauuais choix,
   On me fait faire le silence
   lors que i'ay recouuré la voix.

Pour Mademoyselle du Fey.

SANS trop parler aysement ie m'explique
Ce que i'ay dans l'Esprit on l'apprend de mes yeux,
Ils disent mes secrets à tous les curieux
Par vn aïr tantost guay tantost melancholique ;
Ils ne manquent iamais vn cœur
Et leur feu se rendroit vainqueur
De la plus froide indifference,
Qui ne m'en conte pas est mis au rang des sots,
Et le Dieu mesme du silence
Ne sçauroit s'empescher de m'en dire deux mots.

Pour Mademoyselle Picar.

MES yeux sçauent auec adresse
D'vn esprit me rendre maistresse,
Et sur les libertez faire mille complots,
   Ils font plus de mal qu'on ne pense,
   Et le Dieu mesme du silence
   En pourroit bien dire deux mots.

Pour Mesdemoyselles d'Argencourt.

PEV de beautez à nous se peuuent esgaler
On ne nous sçauroit voir auec indifference ;

Si nous t'entreprenons pauure Dieu du silence
Nous t'apprendrons bien à parler.

Pour Mademoyſelle Solas, & Mademoiſelle Gerar.

POVR *nous le plus volage auroit de la conſtance*
Nos yeux dans tous les cœurs ſçauent mettre le feu.
Mais comme nous parlons fort peu
C'eſt aſſez noſtre fait que le Dieu du ſilence

FIN.

www.ingramcontent.com/pod-product-compliance
Ingram Content Group UK Ltd.
Pitfield, Milton Keynes, MK11 3LW, UK
UKHW021721130726
13696UKWH00006B/2465